AF313542

Vente du Lundi 28 Mai 1877

HÔTEL DROUOT, SALLE N° 6

COLLECTION D'UN AMATEUR

OBJETS DE LA CHINE

ET

DU JAPON

PORCELAINES, BRONZES, LAQUES, SCULPTURES
BELLES ÉTOFFES

Exposition Publique : le Dimanche 27 Mai 1877

De une heure à cinq heures.

<table>
<tr><td>COMMISSAIRE-PRISEUR
Me CHARLES PILLET
10, rue de la Grange-Batelière.</td><td>EXPERT
M. CHARLES MANNHEIM
7, rue Saint-Georges.</td></tr>
</table>

CATALOGUE

DES

OBJETS DE LA CHINE

ET

DU JAPON

Belles Porcelaines; Poteries; Belles boîtes en ancien laque du Japon;
Bronzes; Émaux; Sculptures en bois et en ivoire; Armures japonaises;

BELLES ÉTOFFES.

Composant la Collection d'un Amateur

ET DONT LA VENTE AURA LIEU

HOTEL DROUOT, SALLE N° 6

Le Lundi 28 Mai 1877,

A DEUX HEURES.

Par le ministère de Mᵉ CHARLES PILLET, Commissaire-Priseur
10, rue de la Grange-Batelière,

Assisté de M. CHARLES MANNHEIM, Expert, 7, rue Saint-Georges

Chez lesquels se trouve le présent catalogue.

EXPOSITION PUBLIQUE : Le Dimanche 27 Mai 1877,
De une heure à cinq heures.

CONDITIONS DE LA VENTE

—————

Elle sera faite au comptant.

Les adjudicataires payeront *cinq pour cent* en sus des enchères.

L'exposition mettant le public à même de se rendre compte de
l'état des objets, il ne sera admis aucune réclamation une fois
l'adjudication prononcée.

Paris. — Typ. PILLET et DUMOULIN, 5, rue des Grands-Augustins.

DÉSIGNATION DES OBJETS

PORCELAINES

1 — Beau et grand cornet en ancienne porcelaine du Japon à fond noir et décor d'oiseaux et de fleurs émaillés en couleurs.

2 — Autre beau et grand cornet de même porcelaine à riche décor à figures, fleurs et ornements.

3 — Deux jolies chimères assises sur socles carrés et formant flambeaux en ancienne porcelaine de Chine, décorées en émaux de la famille verte.

4 — Grand vase en forme de balustre, en porcelaine craquelée de diverses nuances et à bandes d'ornements émaillés brun et gaufrés en relief.

5 — Figurine d'enfant debout en porcelaine de Corée à décor émaillé.

6 — Théière formée d'un animal fantastique sur lequel une femme est assise, en porcelaine de Chine émaillée brun et bleu.

7 — Deux petites tasses sans anses en ancienne porcelaine
du Japon à décor en bleu, rouge et or rehaussé de vert.

8 — Petite tasse avec soucoupe et petit pot à une anse en
porcelaine du Japon à riche décor d'or sur fond rouge.

9 — Deux petites coupes-présentoirs en porcelaine mince,
décorées de branches de bambous émaillées en couleurs.

10 — Trois petites coupes en porcelaine mince du Japon
décorées de figures, de fleurs et d'oiseaux émaillés en
couleurs sur fond d'or.

11 — Deux très-jolis petits vases en forme de balustre, en
porcelaine de Chine soufflée sur émail bleu et à dragons
en relief tachés de noir.

12 — Joli petit vase en forme de baril, en céladon bleu
turquoise. Belle qualité.

13 — Deux petites coupes rondes sur pieds droits en porcelaine du Japon, à décors variés.

14 — Deux bols en porcelaine de Chine émaillés brun à
l'extérieur et décorés de fleurs bleues à l'intérieur.

15 — Trois petites coupes de trois dimensions en porcelaine du Japon à fond rouge et or et fleurs bleues.

16 — Vase en forme de balustre à couvercle en porcelaine
de Chine à fond bleu, à décor d'or et médaillons de
personnages émaillés en couleurs.

17 — Porte-fleurs en céladon gaufré à dragons en relief
et émaillé vert d'eau.

18 — Petit vase en forme de balustre en porcelaine de
Chine émaillée vert-pomme marbré.

19 — Petit vase en forme de gourde à triple goulot en porcelaine de Chine, décoré de papillons émaillés en
couleurs.

20 — Deux petits vases ovoïdes à couvercle plat en porcelaine du Japon, décorés de paysages en émaux de couleurs et or.

21 — Coupe ronde décorée d'ornements et de médaillons
renfermant des poissons. Couvercle en laque du Japon
aventuriné.

22 — Coupe ronde en porcelaine du Japon, décorée de
figures émaillées en couleurs sur fond rouge et de fleurs
sur fond blanc.

23 — Trois plateaux en forme de poisson en céladon gaufré et émaillé vert d'eau.

24 — Trois petites coupes rondes en porcelaine japonaise
décorées de fleurs et de poissons en rouge et or.

25 — Deux petits plateaux ovales en porcelaine de Chine à bord bleu, décorés d'ornements émaillés et offrant au fond des groupes de fleurs.

26 — Brûle-parfums formé d'une chimère couchée en porcelaine du Japon à décor émaillé.

27 — Très-petit vase ou flacon formé d'une gourde à trois goulots en porcelaine de Chine émaillé vert uni.

28 — Vase de forme carrée en porcelaine de Chine à dragons gravés sous émail jau e.

29 — Petit vase en forme de balustre à fond bleu et médaillons de paysages.

30 — Groupe de deux figures en ancien blanc de Chi e. Divinité debout suivie d'un singe tenant la pêche de longévité.

31 — Porte-fleurs formé d'une branche d'arbre en céladon émaillé bleu turquoise. Socle en bois sculpté.

32 — Vase en forme de balustre à fond rose, relevé de fleurs et décoré de médaillons de fleurs émaillées en couleurs.

33 — Vase de forme ovoïde en porcelaine de Chine, décoré de fleurs émaillées bleu sur fond jaune.

34 — Vase en forme de balustre à double enveloppe et
panse sphérique à rosaces découpées à jour et col garni
de deux anses, en céladon gaufré et émaillé vert d'eau
rehaussé d'or.

35 — Petite jardinière de forme ronde et profonde en ancienne porcelaine de Chine, fond rose, décorée de
fleurs-arabesques et médaillons de paysages.

36 — Joli vase en forme de cornet à panse renflée en ancienne porcelaine de Chine, décoré en émaux de la
famille verte à sujets familiers et fond rouge à réserves
blanches.

37 — Deux jolis vases de forme carrée avec socles en an-.
cienne porcelaine de Chine décorés en émaux de la
famille rose à médaillons d'attributs et fond bleu rehaussé d'émail blanc.

38 — Deux vases forme dite pot à tabac, en ancienne porcelaine de Chine, décorés de figures émaillées en couleurs.

39 — Grande et belle potiche à couvercle en ancienne
porcelaine de Chine, décorée de figures dans des
paysages.

40 — Potiche à couvercle en ancienne porcelaine de la
Chine, décorée de fleurs et d'oiseaux en émaux de la
famille rose.

41 — Deux vases en forme de balustre en porcelaine de
Chine, décorés de fleurs arabesques en bleu sur blanc.

42 — Vase en forme de balustre à couvercle en ancienne
porcelaine de Chine à décor bleu à compartiments de
fleurs.

POTERIES

43 — Deux jolis vases en forme de balustre à anses
têtes chimériques et anneaux mouvants, en poterie de
Satzuma à riches décors de fleurs et d'ornements émaillés en couleurs et rehaussés d'or.

44 — Groupe en poterie de Satzuma : personnage monté
sur un sac. Il est décoré en émaux de couleurs et or.

45 — Deux petits pitongs formés de branches de bambou
en poterie de Satzuma et décorés de fleurs émaillées en
couleurs.

46 — Joli petit groupe en poterie de Satzuma ; jeune femme
assise sur un éléphant couché.

47 — Deux petits flacons en forme de gourde à couvercle
en poterie de Satzuma, décorés de fleurs et de fruits
émaillés en couleurs.

48 — Petit vase à pans à fond vert et médaillons de fleurs émaillés en couleurs.

49 — Porte-fleurs en forme de crapaud émaillé gris.

50 — Deux très-petites coupes en poterie de Satzuma à fond rouge rehaussé d'or et médaillons de fleurs. Elles offrent un groupe de personnages à l'intérieur.

51 — Coupe ronde et profonde en poterie de Satzuma à décor d'ornements très-finement émaillés en couleurs.

52 — Jolie petite théière en poterie de Satzuma à décor en rouge, vert et or, et médaillons de fleurs et arbustes.

53 — Porte-fleurs formé de branches de fleurs accolées en terre émaillée violet jaspé et gris.

54 — Plateau de forme carrée à angles arrondis en poterie de Kanga à figure et ornements émaillés.

55 — Personnage accroupi en terre émaillée.

56 — Figurine de femme debout en terre émaillée.

57 — Pitong décoré de fleurs émaillées rouges.

LAQUES

58 — Belle boîte simulant sur le couvercle un groupe de
trois coquilles en ancien laque du Japon et décorée au
pourtour de paysages en or en relief. Belle qualité.

59 -— Belle boîte rectangulaire en ancien laque du Japon à
riche décor d'or à quadrillages et médaillons de paysages.

60 — Petite boîte longue décorée de médaillons et d'oiseaux
en or sur fond argenté. Laque du Japon de belle
qualité.

61 — Jolie trousse de médecin en laque du Japon, décorée
d'un vol de hérons.

62 — Jolie boîte de forme contournée en laque du Japon,
décorée de branches de fruits sur fond pailleté d'or.

63 — Petite boîte carrée et haute en bois naturel laqué à
fleurs en or.

64 — Très-petite boîte rectangulaire à compartiments en
ivoire laqué.

65 — Petite boîte carrée et plate en laque d'or décorée
dans toutes ses parties d'attributs en relief.

66 — Flacon-tabatière en laque rouge ciselé à figures dans
des paysages.

67 — Petite boîte en forme de fruit en laque rouge ciselé
de Pékin.

68 — Très-jolie cantine japonaise en ancien laque du
Japon à riche décor d'or. Le flacon à eau est formé
d'une figure d'homme assis dont les vêtements sont
rehaussés de parties burgautées.

69 — Petite table à écrire en laque du Japon, décorée d'arbustes et d'armoiries en or sur fond aventuriné.

70 — Jeu de cinq tables japonaises en laque noir.

71 — Jolie étagère en bois dur du Japon enrichie de médaillons laqués en or et couleurs.

72 — Cabinet de forme contournée en laque noir à riche
décor de paysages en or en relief.

73 — Jolie boîte carrée et plate très-finement burgautée à
quadrillages au pourtour, et offrant sur le couvercle un
paysage avec personnages également incrusté de nacre
et de burgau. Elle contient un encrier.

74 — Grande boîte rectangulaire en laque noir incrustée
de nacre et de burgau. Elle représente des fleurs, des
oiseaux et des ornements et le dessus offre un paysage.

75 — Autre boîte rectangulaire incrustée de nacre à paysage et ornements.

76 — Boîte carrée en laque burgauté à fond noir représentant un paysage avec kiosques et figures.

77 — Boîte à compartiments et son plateau-support à poignée surélevée en laque noir enrichie d'incrustations de nacre, de pierre de lard, etc., représentant des attributs divers, des personnages et un éléphant.

78 — Boîte à angles arrondis en laque noir à figures dans des paysages rapportées en nacre en relief.

79 — Jolie trousse de médecin en bois sculpté à quadrilles et décorée de figures laquées en relief en or et couleurs. L'attache laquée simule une branche d'arbre.

80 — Deux petites coupes rondes à fond d'or décorées de poissons en relief en couleurs.

81 — Trois autres petites coupes à fond rouge décorées de paysages en or.

82 — Trousse de médecin en laque noir incrusté de poissons en relief en nacre et peau de poisson. L'attache est formée d'un poisson laqué avec applications de peau de poisson et de nacre.

83 — Très-petite étagère en laque aventuriné décorée de branches de fleurs en or et garnie d'ornements en cuivre gravé.

84 — Boîte rectangulaire en bois naturel à décor d'or et figures rapportées en relief et émaillées en couleurs.

85 — Petit pitong en laque rouge de Pékin à paysages et figures en relief.

86 — Petite étagère carrée avec plateau et tiroir en laque aventuriné et décorée de fleurettes d'or.

87 — Garniture de bureau en bois naturel laqué composée de cinq pièces : encrier, règle, petit écran, pitong et porte-pinceau.

88 — Petite boîte carrée à couvercle bombé en laque noir à décor d'or à quadrillages et armoiries.

89 — Boîte à gants en laque avec incrustation d'écaille laquée.

90 — Trois petites boîtes en écaille laquée.

BRONZES

91 — Beau brûle-parfums de forme sphérique reposant sur trois pieds à têtes chimériques, à anses en S et couvercle surmonté d'un dragon en ronde bosse.

92 — Vase japonais en bronze surmonté d'un large plateau rond et à base à trois pieds cintrés. Il est décoré
de dragons en relief, et ses anses sont formées de
poissons.

93 — Vase en forme de balustre allongé à deux anses gar-
nies d'anneaux mouvants et décoré d'ornements en
relief.

94 — Petit cornet en bronze à ornements et arêtes en
relief.

95 — Joli petit vase en forme de balustre carré en bronze
niellé d'argent sur socle en bois sculpté.

96 — Autre joli vase en bronze supporté par trois figures
d'hommes debout et à anses formées de fleurs.

97 — Petit vase en forme de balustre aplati à deux anses
en bronze à ornements en relief.

98 — Deux petits vases en forme de balustre en bronze
niellé du Japon, à médaillons, animaux en relief et
anses à dragons.

99 — Brûle-parfums formé d'une figurine, monté sur un
buffle.

100 — Petite jardinière oblongue à angles arrondis, à oiseaux en relief.

101 — Deux petits vases de forme droite en bronze niellé
d'argent sur socles en bois sculpté.

102 — Petit brûle-parfums de forme surbaissée supporté
par des figurines accroupies à anses en forme de fleurs
et couvercle surmonté d'un dragon.

103-105 — Trois jardinières rectangulaires en bronze de
dimensions et de décors variés. Elles seront vendues
séparément.

106 — Petit brûle-parfums de forme antique à trépied en
bronze.

107 — Flacon à eau formé d'un sac et de trois figurines
d'enfants. Bronze ancien.

108 — Autre flacon à eau en forme de bateau simulant un
poisson à tête fantastique.

109 — Petit oiseau en bronze finement ciselé. Quoique
ayant été rapporté du Japon, ce bronze nous paraît
être de travail persan.

110 — Petit miroir métallique de travail chinois.

111 — Statuette en bronze : la déesse Kouan-In debout.
Travail chinois,

112 — Pou-taï, dieu du contentement; figurine accroupie en bronze.

113 — Petit vase en forme de panier surélevé en bronze.

114 — Joli flambeau formé d'une branche de fleurs en bronze prenant naissance sur une tortue et supportant une grue sacrée.

115 — Coupe de forme allongée supportée par un crapaud.

116 — Flacon à eau ovale; le dessus est orné de fleurs en relief.

117 — Deux vases japonais en bronze.

118 — Brûle-parfums en bronze de même travail.

119 — Deux pièces en bronze de travail japonais : un crabe et une écrevisse.

120 — Presse-papier formé d'une tortue en bronze.

121 — Petit cornet en bronze taché d'or.

122 — Brûle-parfums formé d'une oie en bronze. Travail japonais.

123 — Petite cloche japonaise en bronze.

ÉMAUX

124 — Deux jolis vases en forme de bouteille en émail
cloisonné de la Chine, à panse sphérique, décorés de
fleurs et d'oiseaux sur fond bleu turquoise et col droit à
fond rouge et jaune alternés.

125 — Joli sceptre en ancien émail cloisonné de la Chine, à
décor d'ornements en couleurs sur fond bleu turquoise.

126 — Deux pitongs en poterie du Japon couverts en par-
tie d'un décor en émail cloisonné à fond bleu.

OBJETS VARIÉS

127 — Joli petit groupe japonais en ivoire composé de cinq
figures.

128 — Autre groupe japonais composé de deux figures en
ivoire.

129 — Petit groupe en bois finement sculpté. Jeune femme
dévidant des cocons.

130 — Fort pitong en bois sculpté à figures et paysages
Sur socle en bois sculpté.

131 — Éventail chinois en écaille percée à jour.

132 — Six petites breloques en ivoire.

133 — Douze boutons japonais formés chacun d'une figurine en ivoire sculpté.

134 — Neuf boutons japonais formés chacun d'une figurine en bois sculpté.

135 — Deux flacons à thé en bambou sculpté à figures et montés en étain.

136 — Plateau rond à bords plissés en écaille, décoré de crapauds et d'insectes en or, en relief et en couleurs.

137 — Groupe en bois sculpté. Personnage assis sur un buffle.

138 — Étui en corne orné de petits arbustes en cuivre, argent et or.

139 — Feuille en ivoire sculpté repliée servant à verser la feuille de thé dans la théière.

140 — Poinçon à manche et dans son fourreau en corne de cerf.

141 — Groupe en racine de bois, le dieu de longévité debout.

142 — Groupe en racine de bois analogue à celui qui précède.

143 — Pitong en ivoire sculpté à arbustes et inscriptions. Travail très-ancien.

144 — Petit groupe en bois de bambou; oiseau sacré sur rocher et tenant une branche de fleur.

145 — Plateau oblong en bois dur incrusté de nacre. Travail du Cambodge.

146 — Petite jardinière carrée de même travail.

147 — Petit écran en marbre blanc décoré de figures peintes et monté en bois de fer.

148 — Cadre à trois places en bois finement sculpté à figures, fleurs et ornements.

149-150 — Deux armures japonaises avec casques, masques, etc.

151 — Coupe ronde en écaille finement repercée à jour.

152 — Boîte rectangulaire en mosaïque de paille.

153 — Trois cartes géographiques chinoises.

154 — Noix de coco montée en cuivre doré. Travail européen.

ÉTOFFES

155 — Six morceaux pour paravent, en satin jaune brodé en soies de couleurs et or à figures dans des paysages.

156 — Deux beaux panneaux de satin bleu clair richement brodés à fleurs et oiseaux en soies de couleurs.

157 — Deux autres panneaux en satin rouge richement brodés à figures et fleurs en soies de couleurs; scènes de la vie privée en Chine.

158 — Trois petits stores en étoffe peinte à fleurs et oiseaux.

159 — Costume chinois complet.

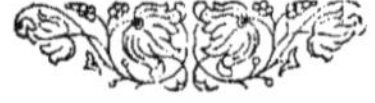

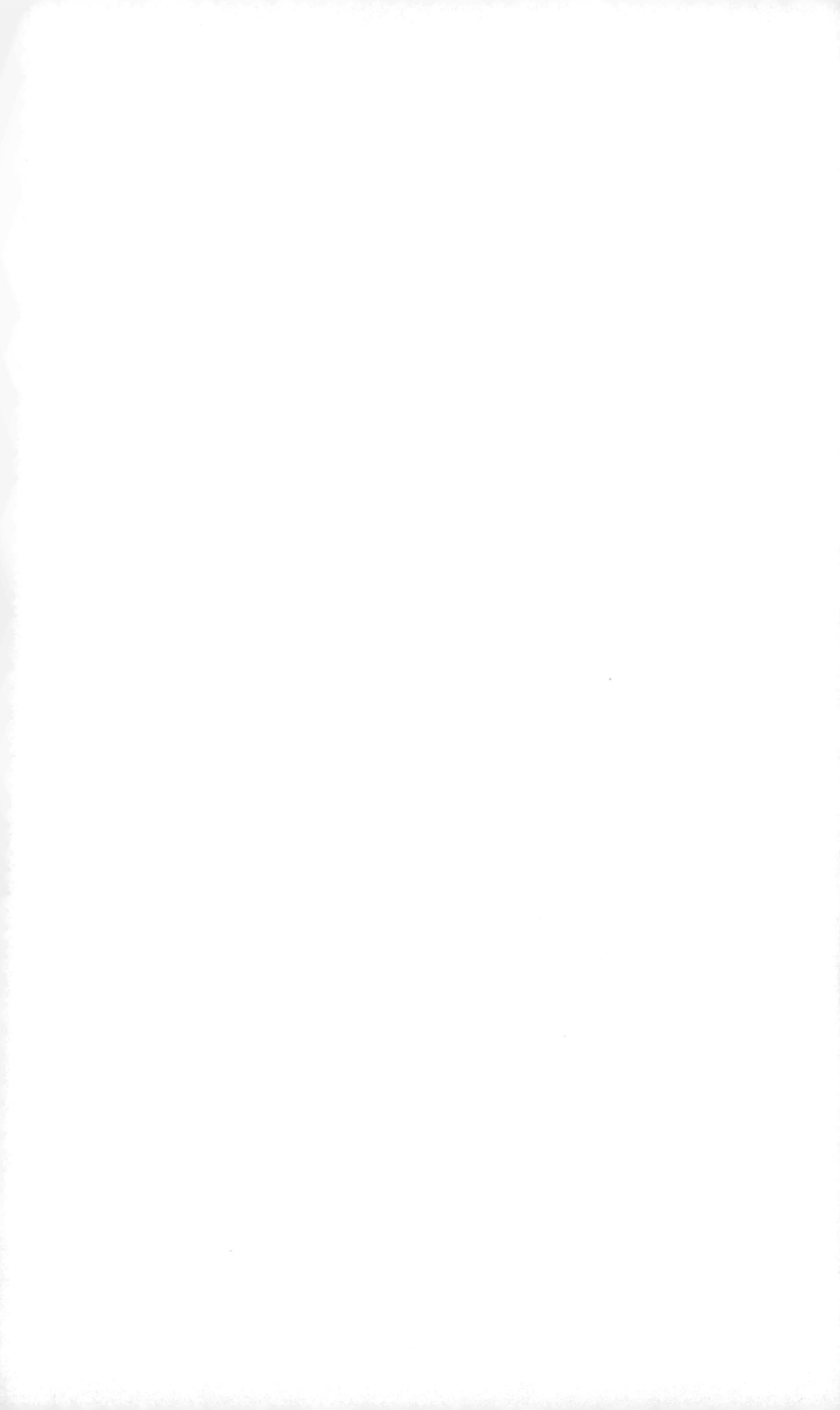

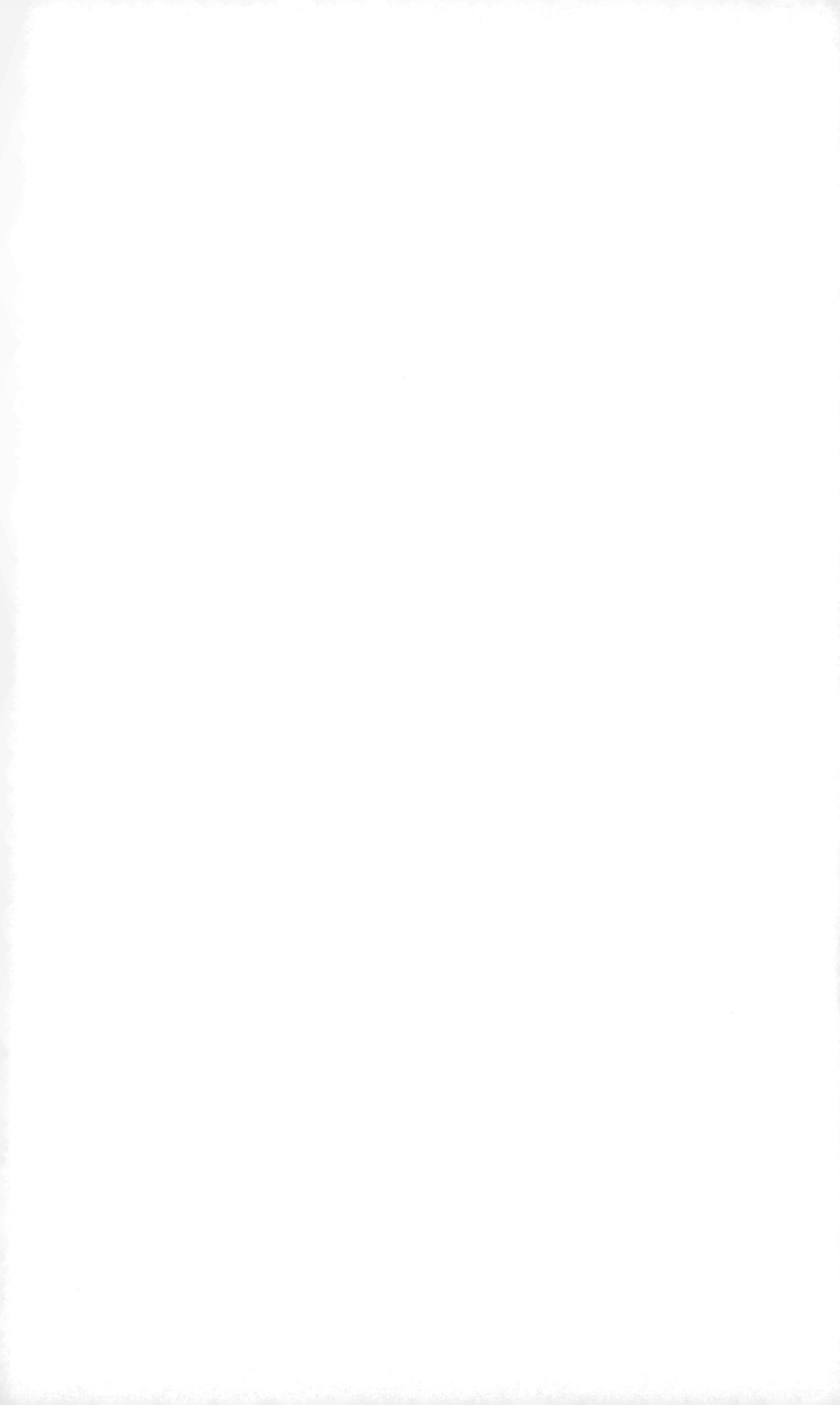